HISTOIRE

DE

NOTRE-DAME

DE LA

TREILLE

PATRONNE DE LA VILLE DE LILLE

AVEC LA

DESCRIPTION ET LE PROGRAMME

DES FÊTES DU

JUBILÉ SÉCULAIRE DE 1854

LILLE

ERNEST VANACKERE, LIBRAIRE-ÉDITEUR

GRAND'PLACE, 7.

LILLE. — IMP. VANACKERE.

HISTOIRE

DE

NOTRE-DAME DE LA TREILLE

PATRONNE DE LA VILLE DE LILLE.

Si l'on en croit une ancienne légende, la protection de Marie sur notre ville serait de toute antiquité, puisqu'elle se serait exercée pour la première fois sur celui qui devait en être le fondateur. Voici cette légende :

C'était vers l'an 593, Salvaert, prince de Dijon, voyageait en Flandre avec Hermangarde sa femme. Cette princesse, qui était d'une beauté remarquable, avait inspiré une vive passion au gouverneur de la province du Buck. Phinaert, c'est ainsi qu'il s'appelait, était un tyran dans toute l'acception du mot. Vols, sacriléges, crimes de toute espéce, rien ne l'épouvantait. Après mille tentatives qui avaient échouées contre la vertu d'Hermangarde, le misérable résolut de se venger d'une manière qui devait faire tomber la femme de Salvaert entre ses mains. Un jour que les deux époux, accompagnés seulement de quelques hommes d'armes, traversaient une épaisse forêt située non loin de l'endroit ou Lille est bâtie, ils furent attaqués par une troupe de gens envoyés par Phinaert. Le malheureux prince fut tué en se défendant; plus heureuse que son époux, Hermangarde, profitant de la confusion générale, parvint à se laisser glisser à bas de son cheval et à prendre la fuite sans être

aperçue. Pendant près d'une journée elle se déroba aux recher-
ches des assassins ; enfin, accablée de fatigue, elle se laissa aller
au sommeil. Marie lui apparut en songe : « Hermangarde, lui
« dit-elle, tes souffrances ne sont pas terminées, mais que ton
« cœur se rassure, de toi, naîtra un fils qui vengera son père
« et régnera sur ce pays, lui et ses descendants. » Après quoi
la vision disparut.

Lorsque l'infortunée ouvrit les yeux, elle constata son heureuse délivrance ; mais force lui fût de renoncer bien vite au
bonheur d'être mère ; elle entendait à quelques pas de distance
les cris de ceux qui la poursuivaient, d'un instant à l'autre elle
pouvait être découverte ; elle donna donc un dernier baiser à
l'enfant qu'elle venait de mettre au monde, le déposa au bord
de la fontaine près de laquelle elle s'était endormie, remit dans
une prière suprême son sort et celui de son fils entre les mains
de la mère de miséricorde, et alla se livrer aux gens de
Phinaert.

Celui-ci ne fut pas plus heureux auprès de la princesse cette
fois que les précédentes. Outré de colère, il la fit jeter dans un
cachot infect où elle séjourna vingt ans. Devenu grand, son fils
Lydéric appela Phinaert en combat singulier, le tua, et délivra
sa mère. Il régit la contrée sous le titre de premier Forestier
de Flandre, que lui avait conféré le roi Clotaire II. Ainsi
s'accomplit la promesse faite par Marie à la femme de Salvaert.

Cette légende, que je n'ai rapportée ici que pour mémoire,
ne doit être considérée qu'à sa juste valeur. C'est-à-dire comme
un de ces récits que nos pères inventaient avec tant de facilité, si
l'on en juge par le nombre de ceux qui sont parvenus jusqu'à nous ;
ou encore comme un simple fait grossi immensément par cet
amour du merveilleux qui se reflète dans toutes les histoires
d'autrefois.

Une seule remarque suffirait pour la rendre très-récusable : ce
sont les paroles de la Vierge à Hermangarde : « de toi naîtra un fils
qui vengera son père. » Comment supposer en effet que la Vierge
clémente ait pu, elle qui prêche le pardon et l'oubli des
injures, préconiser ainsi la vengeance, et qu'elle n'ait eu d'autre

baume à verser sur les plaies de la malheureuse princesse
que ce mot qui hurle avec sa doctrine. Comme preuve de l'an-
cienneté de la protection de Marie sur notre cité, je lui préfère
la grâce qu'elle lui a faite d'entrer une des premières dans le
giron de l'église romaine et par la suite de ne jamais s'en
écarter ; de l'avoir, dès sa fondation, préservée de ces
crises terribles qui font couler tant de larmes et de sang,
et qui assaillent presque toujours les villes et les empires
naissants.

En 1055, Bauduin V, *dit* le Pieux, qui venait d'achever la
grande œuvre commencée par son père Bauduin IV [1], conçut le
projet de doter la ville d'une église digne d'elle et appropriée
aux besoins de la population. Jusqu'alors les fidèles se réunissaient
dans de petites chapelles, tout à fait insuffisantes, et qui, multi-
pliant les difficultés de l'éducation religieuse, n'obtenaient malgré
cela que des résultats inférieurs à ceux que l'on était en droit
d'attendre. Les plans du nouvel édifice furent bientôt dressés, et
onze ans plus tard, le 2 août 1066, la dédicace en fut faite solennellement par le comte Bauduin V, en présence de Philippe Ier,
roi de France, dont Bauduin avait été le tuteur, et de toute la
noblesse de Lille et des environs. Elle fut consacrée pontifi-
calement par Mgrs. Bauduin, évêque de Noyon ; Guy, évêque
d'Amiens, et Drogon ou Druon, évêque de Thérouanne, assistés
par les abbés des plus nobles monastères.

Une chapelle particulière y avait été réservée à la Sainte-Vierge.
On peut difficilement se faire une idée de la manière rapide
dont la dévotion envers Marie s'étendit parmi le peuple de
Lille : il semblait qu'une puissance inconnue l'attirât aux pieds de
la Madone.

Les chanoines de la collégiale, touchés de cet élan, chaque
jour croissant, de la piété des habitants, et pleins du désir de
développer davantage le principe de foi qui couvait dans toutes
les âmes, se décidèrent à fonder une association religieuse dont
le résultat devait rendre plus intime les rapports qui unissaient

---

[1] Les fortifications de Lille.

déjà la Vierge et le peuple de Lille, en mettant celui-ci sous la protection immédiate de Marie.

Marguerite, comtesse de Flandres, à qui ils soumirent leur projet, déclara s'y associer de grand cœur. Les statuts furent posés. La comtesse les ratifia et s'inscrivit la première avec son fils Guy de Dampierre, sur les registres de la Confrérie. A la suite de ces noms illustres se lurent ceux de MM. du Chapitre, et d'un grand nombre de personnes laïques recommandables par leur rang et leur piété. La confrérie prit le titre de Notre-Dame de la Treille à cause de la treille de fer qui entourait la statue vénérée.

A cette association se réunit celle qui depuis 1237 existait en ladite église sous le titre de Charité de Notre-Dame[1].

Les heureux effets de l'association ne tardèrent pas à se faire sentir, et la piété publique s'accrut à la vue des miracles qui éclatèrent sous les voûtes de Saint-Pierre.

Ces preuves irrécusables de l'ineffabilité de Marie décidèrent MM. les chanoines à porter à la connaissance de sa sainteté Alexandre IV les récits authentiques des grâces obtenues par son intercession, le suppliant de rendre canonique la confrérie érigée en l'église Saint-Pierre. Ces demandes furent appuyées par la comtesse dans une lettre particulière adressée au souverain Pontife.

Le Pape répondit par l'envoi de deux rescrits qui accordaient à la confrérie de Notre-Dame de la Treille les richesses spirituelles dont l'église est la dispensatrice.

Cette faveur de la cour de Rome acheva de populariser la dévotion envers la vierge à la treille; en moins d'un mois le nombre des confrères et consœurs atteignit un chiffre presque égal à celui des habitants. Les parents faisaient inscrire leurs enfants, même ceux en bas-âge; les nouveaux époux, bien qu'en faisant déjà partie chacun de leur côté, se faisaient enregistrer

---

[1] Cette confrérie, une des premières qui ait existé en France, se composait de vingt membres (femmes) qui offraient aux associés des recueils de prières. La rareté des manuscrits les rendaient alors très précieux aux personnes pieuses.

ensemble pour appeler sur leur union les bénédictions du Ciel. Chacun voulait s'enrôler sous la bannière de Notre-Dame de la Treille, et, à voir l'enthousiasme général, on eût dit que hors de la confrérie il n'y avait pas de salut possible. A partir de ce moment, le peuple confondit le nom de Notre-Dame de la Treille avec celui de Notre-Dame de Lille. Naïve appellation, qui donne la mesure de sa reconnaissance et de son amour envers sa généreuse protectrice.

Jusqu'alors Marie n'avait été honorée à Saint-Pierre que selon les pratiques générales en usage par toute la chrétienneté. Marguerite de Flandre, jalouse de lui prouver sa gratitude pour les effets constants de sa libéralité sur la ville de Lille, décida, d'accord avec MM. les chanoines, qu'une procession générale et solennelle serait faite chaque année, par telle voie qu'il plairait à MM. les échevins, le dimanche suivant la fête de la Sainte-Trinité. Voici à quelques traductions près le texte de la charte de fondation.

CHARTE DE FONDATION

De la procession instituée en l'honneur de Notre-Dame et pour l'achèvement de l'église Saint-Pierre de Lille.

« Nous Marguerite, comtesse de Flandres et de Haynaut, et
« moi Guy, son fils, comte de Flandres et marchis de Namur,

« Faisons savoir a tous que nous, en l'honneur du Dieu,
« Jesus-Christ et de la glorieuse vierge Marie sa mère, et pour
« le profit de l'eglise Saint-Pierre de Lille, qui est fondée par
« nos ancêtres, seigneurs de Flandres, et pour l'avancement de
« l'œuvre qui est commencée dans l'eglise devant dite, pour
« laquelle les chanoines de cette même eglise de leur rente
« dont ils doivent vivre se sont beaucoup tourmentés depuis
« longtemps et le sont encore chaque jour, *arons octroyé* et
« *octroyons* une procession a faire autour de la ville de Lille
« chaque année durablement, par telles voies et par tels lieux
« que les rewars et que eschevins de Lille deviseront et
« ordonneront par ou on la peut faire plus convenablement,

« qui doit commencer le jour que notre sire Dieu, en l'honneur
« de sa très chere mère, a commencé nouvellement a faire si
« glorieux miracles devant l'image que on appelle Nostre-Dame
« a le Treille en l'eglise Saint-Pierre devant dite. C'est assavoir
« le premier dimanche apres le jour de la Sainte Trinité et doit
« durer pendant IX jours continuant en perpetuelle mémoire
« des miracles devants dits, et pour la raison des oraisons, des
« aumones, des bienfaits et des œuvres de miséricorde que on
« y fait et fera en avant en l'honneur de Nostre-Seigneur et de
« sa douce mère par commune dévotion, nous *avons octroyé* et
« *octroyons* a tous ceux et a toutes celles qui en pelérinage vien-
« dront a Notre Dame a Lille dedans les IX jours devans dits en
« l'honneur de la douce vierge Marie pour acquerir les pardons
« qui y sont et seront établis dedans les IX jours, sauf-conduit
« de nous et de nos gens allant et venant et demeurant fran-
« chement et paisiblement qu'ils ne seront ni pris ni arrêtés
« pour dettes ni pour autre chose d'arrière faite ou avenue
« s'ils ne sont bannis pour laid fait. Et demeurer et aller en la
« ville de Lille dans voies et dans chemins partout dedans les
« appartenances (limites) de Lille si avant que l'enclos de la
« procession s'etendra. Et si il avenait que quelqu'un de ceux
« et de celles qui viendront à Notre Dame de Lille fut arrêté
« pour dettes ou pour autre chose si ce n'est pour vilain fait,
« dedans les IX jours en l'enclos devant, a la requête du doyen
« et du chapitre de l'église de St Pierre de Lille devant dite,
« nous le ferons ce livrer (delivrer) tout quitte de tout comme
« a nous et a notre droiture il appartiendra.

« En témoignage et confirmation de laquelle promesse nous
« avons fait mettre nos sceaux à ces presentes lettres.

« Et nous les Rewars et les Eschevins de la ville de Lille qui
« a ces choses devans dites avons mis et mettons notre octroi et
« notre asseur pour ce que nous voulons qu'elles soient bien
« et fermement tenues a toujours de nous et de nos successeurs,
« de tout comme a nous appartient les louons et agréons et
« promettons fermement à tenir, et pour plus grande sûreté de
« tous ceux que devant est dit avons mis nos sceaux aux

« presentes lettres qui furent données en l'an de l'incarnation
« de nostre Signeur Jn Crispt MCCLXIX (1269) au mois de
« febvrier. »

(Livre de Roisin, p. 281.)

Ceux qui liront ces lignes s'étonneront peut-être de la singularité de cette clause, qui, pendant la durée de la *festuité nouvelle*,
suspendait l'action des lois sur les coupables. De nos jours de
pareils actes ne manqueraient pas d'être traités de folie. Cependant, à mon avis, c'était une sage maxime que celle qui voulait
que même pour les criminels la fête de la consolatrice des
affligés fût aussi un jour d'allégresse. C'était la voix de la religion, la voix du cœur, qui avaient dicté ces lignes, où tout
respire la foi et la clémence. Ceux qui profitèrent de cette
permission le comprirent sans doute, car jamais ils ne s'en
rendirent indignes; ils suivaient pieusement la procession,
mêlés à la foule des fidèles, et personne ne s'éloignait d'eux.
— Autres temps, autres mœurs.

La première procession fut fixée au 2 juin 1269. Selon le
vœu de la fondatrice, le rewart et les échevins en tracèrent
l'itinéraire; il fut décidé qu'elle « marcherait, sortant de l'église
« Saint-Pierre, par les rues royales jusqu'à la porte des Malades,
« et que de là ferait le tour de la ville. »

Le jour tant désiré parut enfin. A huit heures du matin le
cortége se mit en marche dans l'ordre suivant :

Les corps de métiers avec étendarts et emblêmes, les membres
de chaque groupe portant un cierge à la main ;

Les compagnies d'archers et d'arbalétriers ;

Diverses députations de pèlerins venues des villes environnantes, chacune précédée de sa bannière ;

Les confréries des Saints-Lieux et les religieux des ordres de
Saint-Dominique, des frères Mineurs et de l'Observance ;

Les quatre compagnies bourgeoises en armes et habits de
parade, suivies de trompettes et tambours qui sonnèrent
pendant le cours de la procession ;

Le clergé de la ville revêtu de ses plus riches ornements
sacerdotaux ;

Un groupe de personnes des torches à la main ;

Les châsses et reliquaires, en tête desquels était portée, par quatre chanoines en étole et surplis, la Fierte (châsse) contenant des cheveux de Marie. De chaque côté marchaient deux trompettes portant banderoles aux armes de la ville ;

Enfin, les quarante hommes du magistrat en robe magnifique.

Le cortège était fermé par le bailli et ses gens à cheval, formant « compagnie de chevau-légers pour la défense de la reine de Gloire. » A la suite, une grande multitude de peuple, les uns pieds nus, tous tête découverte et priant avec ferveur.

Ainsi qu'on peut en juger par cette description, Lille, pour la reconnaissance, fut autant que possible à la hauteur des grâces qu'elle avait reçues. Cette solennité fit bruit par toute la chrétienneté, et quelques mois plus tard Mgr. Radulphe, évêque d'Albanie, légat du Saint-Siége, désireux d'encourager la dévotion des Lillois envers Marie, accorda quarante jours d'indulgence à ceux qui, ayant satisfait à la confession, viendraient faire à Saint-Pierre une pieuse visite. Ces grâces furent les premières attachées au culte de Notre-Dame de la Treille.

En nous reportant à d'anciens comptes de la ville, nous voyons que souvent MM. du Magistrat concouraient par des cadeaux à l'embellissement de la procession. En 1393 ils donnèrent une pièce de drap d'or pour couvrir la Fierte. En 1396 quatre banderoles d'Armoisin écarlate brodées aux armes de Lille. A l'année 1397 on remarque l'achat de quatre chapeaux ornés de roses naturelles. Ces coiffures devaient servir à MM. du magistrat à qui était dévolu l'honneur de soutenir le dais qui abritait la châsse principale.

Au sortir de la procession, le rewart la recevait des membres du chapitre : il en faisait l'ouverture et inventoriait le nombre de joyaux et objets précieux qui y étaient contenus.

Au retour le doyen des chanoines, à qui il en faisait la remise, la visitait de nouveau, après quoi il remerciait MM. du magistrat de leur bonne garde, et leur offrait les vins d'honneur.

Si nous retournons de quelques années en arrière, nous trouverons un événement qui à cette époque vibra douloureusement dans le cœur des Lillois. En 1344 un incendie, dont les causes sont restées inconnues, réduisit en cendre la collégiale de Saint-Pierre. Les reliquaires et les vases sacrés purent seuls être sauvés. C'était la seconde fois depuis 1066 que cette église éprouvait un semblable malheur [1].

Sans se laisser décourager par cette fatalité, les chanoines en firent immédiatement commencer la reconstruction ; mais bientôt le manque de fonds arrêta les travaux. Plusieurs années s'écoulèrent pendant lesquelles l'édifice resta inachevé.

Enfin Philippe, troisième prince de la maison de Bourgogne, que l'histoire a surnommé le Bon, prit cette œuvre sous sa protection, et en peu de temps la collégiale et particulièrement la chapelle de Notre-Dame de la Treille, objet de tous ses soins, reparurent plus belles et plus grandioses qu'elles ne l'étaient avant le sinistre de 1344.

La reconstruction de l'église Saint-Pierre fut le prélude des libéralités et des nobles institutions qui remplirent la vie du duc de Bourgogne.

Quelques années plus tard, Philippe, qui venait d'épouser à Bruges (10 janvier 1430) la princesse Elisabeth, fille de Jean Ier, roi de Portugal, résolut, à l'occasion de cet événement, de mettre à exécution un projet qu'il nourrissait depuis longtemps. Ce projet consistait dans la création d'un ordre chevaleresque, fondé sur des bases capables de lui conserver pendant la durée de son existence le caractère de grandeur et de noblesse que le duc voulait y attacher. Telles furent les circonstances qui présidèrent à la fondation de l'ordre de la Toison-d'Or. C'est à tort que quelques historiens ont prétendu que Philippe n'avait eu en ceci d'autre but que de perpétuer le souvenir de son union. Une semblable explication, fausse par le principe, prive le duc de la gloire que cette institution lui a assurée, en ne laissant de lui qu'un ambitieux, cherchant par un moyen quelconque à immortaliser son nom ; ses actes d'ailleurs

---

[1] La première fois en 1213, lors du pillage et de l'incendie de la ville par l'armée française, sous les ordres de Philippe-Auguste.

protestent énergiquement contre un pareil système. Nous croyons donc pouvoir affirmer de nouveau, sans crainte d'être démenti, que ce fut sous l'empire des motifs relatés plus haut que Philippe le Bon institua l'ordre de la Toison-d'Or, qu'un auteur[1] a défini : le plus beau code d'honneur et de vertu chevaleresque qui ait jamais existé.

Aussitôt que la charte fondamentale fut terminée, le duc conféra l'ordre à vingt-quatre chevaliers. La consécration religieuse fut fixée au 29 novembre, jour de fête de Saint-André, protecteur de la Bourgogne, et l'un des saints patrons de la Toison-d'Or.

Dès le matin les chevaliers se rendirent au palais du duc qui les reçut avec grand apparat. Lorsqu'ils furent tous réunis, il leur renouvela en peu de mots la manière dont ils devaient garder et honorer l'ordre dont ils faisaient partie.

Ce discours terminé, le greffier lut à haute voix les quatre-vingt-quatorze statuts de la charte ; après quoi le duc, suivi des chevaliers, se rendit à la collégiale. Le chapitre et tous les membres du clergé les y attendaient et les conduisirent processionnellement au chœur où fut chantée une messe solennelle. A la suite du service divin, le grand-maître de l'ordre alla s'agenouiller aux pieds de l'autel de Notre-Dame de Lille, sous la protection de qui il plaça tous les membres de l'association.

Les chevaliers furent reconduits par le clergé avec les mêmes honneurs qu'à leur arrivée et « se retirèrent en très-bel ordre. »

Le soir, à vêpres, ils vinrent en habits de deuil pour honorer la mémoire d'un de leurs compagnons d'arme, Messire Robert de Masmières, tué à la journée de Pont-à-Bouvines.

Ils assistèrent en pareil costume aux messes et services funèbres qui furent célébrés les 30 novembre, 1 et 2 décembre, pour le repos de l'âme de l'illustre défunt.

Le lendemain 3 décembre eut lieu en ladite église la première assemblée de l'ordre ; vingt-deux chevaliers[2] y

---

[1] F. VALENTIN. Histoire des ducs de Bourgogne.
[2] Et non pas trente-un comme l'ont prétendu quelques historiens.

assistaient. Ils prirent place dans les stalles de MM. les chanoines; le duc occupa celle du prévot; celle du sire de Masmières fut laissée vide et recouverte d'un drap noir.

Le grand-maitre déclara la séance ouverte.

Le greffier relut les statuts, puis on procéda à la nomination de quatre officiers de l'ordre. Cette opération terminée, le conseil appela à sa barre le chevalier Jehan de Neufchastel sire de Montagu, pour expliquer, s'il le pouvait, sa fuite à la bataille d'Authon.

Le sieur Etienne Royant se présenta et porta la défense du sire de Montagu; mais les raisons qu'il fit valoir ne furent pas acceptées, et le grand-maitre, sur le vœu du conseil, déclara Jehan de Neuchastel rayé du nombre des chevaliers, indigne de porter les insignes de l'Ordre, et ce pour avoir forfait à l'honneur.

Le jour suivant les chevaliers se réunirent de nouveau, et sur la proposition du duc élurent deux chevaliers.

Le sieur Frédéric comte de Meurs, en remplacement de Robert de Masmières décédé.

Et Simon de Lalaing, en remplacement de Jehan de Montagu, destitué la veille.

La liste des affaires étant épuisée, Mgr. l'Evêque de Nevers, exhorta les membres de l'Ordre à persévérer dans la voie de la religion et du devoir.

Avant de se séparer les chevaliers suspendirent autour de l'autel les écussons de leurs armes, voulant qu'ils fussent un hommage perpétuel de leurs sentiments envers la Vierge de Lille.

Ainsi se termina le premier chapitre de la Toison-d'Or.

Pour perpétuer le souvenir de cette institution, Philippe le Bon fonda deux messes chaque jour à l'autel de Notre-Dame de la Treille, par un religieux de Saint-François et un de Saint-Dominique, et une messe chantée chaque samedi par un chapelain de Saint-Pierre.

L'année 1431 date dans les annales de la Confrérie par les grâces ecclésiastiques accordées par Mgr. le cardinal Nicolas de Sainte-Croix, prêtre et nonce apostolique. Deux ans ...

tard, sur la demande du duc de Bourgogne, sa sainteté Eugène IV, par bulles en date du 17 septembre 1433, attacha de nouvelles indulgences au culte de la Sainte-Vierge de Lille. Une fois encore, la dernière hélas! le nom de Philippe vient se placer sous notre plume : en 1455, ce prince fit élever en la chapelle de Notre-Dame de la Treille un superbe tombeau à la mémoire du comte Louis de Male. Ce monument avait cinq pieds de haut; sur le socle de marbre noir reposaient les statues du comte, de Marguerite de Brabant sa femme, et de Marguerite de Flandres sa fille. Cette marque de pieux souvenir termina les libéralités du duc de Bourgogne. De tous les princes qui invoquèrent le titre de serviteurs de Marie aucun peut-être n'en fut plus digne que Philippe le Bon. Nous n'entrerons pas ici dans une appréciation des qualités qui le distinguèrent, qu'il nous suffise de dire que son règne fut le plus glorieux de la maison de Bourgogne, et un des plus heureux pour la religion [1] et la prospérité publique.

En suivant l'ordre chronologique des événements nous avons à mentionner de nouvelles grâces apostoliques accordées à la confrérie par :

Mgr. Jean Cheverot (11 juin 1460),

Mgr. Guillaume Filastrius (11 juin 1463),

Mgr. Ferry de Cluny (8 novembre 1480),

tous trois évêques du diocèse de Tournai.

Ces encouragements ranimèrent la dévotion un peu ébranlée des Lillois envers Notre-Dame de Lille, car depuis quelques années le baromètre spirituel avait sensiblement baissé.

Ce relâchement, dont on a droit de s'étonner après les grâces abondantes versées par Marie sur la cité, et les témoignages de reconnaissance des habitants, doit-il être considéré comme une conséquence naturelle de cette loi qui place la froideur à peu de distance de l'enthousiasme, ou de cet autre principe

---

[1] En 1450, il institua en l'église collégiale de Saint-Pierre la dévotion aux douleurs de Marie, et fit don d'une magnifique statue de Notre-Dame des Sept-Douleurs, qui fut placée en la chapelle de Notre-Dame de la Treille.

que l'on peut appeler la loi du progrès, et qui semble ne donner de lumières à l'intelligence qu'au détriment de la foi? Question ardue, qu'il est cependant possible de résoudre d'une manière plausible en mettant de moitié l'influence de ces lois sur l'effet produit.

Cette recrudescence de piété fut signalée par une nouvelle série de miracles qui s'ouvrit en 1519 et dura jusqu'en 1527. Nous en citerons quelques-uns :

Catherine de Vos, religieuse à Maubeuge, dans l'ordre des Augustines dites Sœurs-Noires, était depuis près de 18 ans possédée par l'esprit malin qui la tourmentait d'une manière horrible. Les exorcistes n'ayant pu parvenir à la délivrer, son père Jean de Vos, sur le récit des miracles opérés par l'intercession de Notre-Dame de la Treille, résolut de la conduire devant l'autel de la vierge de Lille. A cet effet il se rendit à Maubeuge, il trouva sa fille dans un état épouvantable, proférant les plus terribles imprécations. Ce spectacle ne le découragea pas, et, sans prendre garde à la position de Catherine, il partit avec elle. Plus la malheureuse approchait de Lille, plus ses douleurs redoublaient; enfin elle arriva à Saint-Pierre, où on parvint non sans peine à la traîner devant l'image miraculeuse. Ce qui arriva, on le devine, l'esprit du mal fut mis en fuite, et la religieuse regagna son couvent, remerciant Marie de sa délivrance.

Le fils d'Élie Deplanque était tombé gravement malade. Pendant que le père et la mère se désolaient au chevet de leur unique enfant, un voisin qui se trouvait là émet l'idée de recourir à Notre-Dame de la Treille. Ces paroles sont un trait de lumière pour la pauvre mère : elle court prier Marie avec ces larmes que les mères seules peuvent verser. Au même instant son fils, subitement guéri, se lève et vient se joindre à elle pour remercier la reine du ciel de sa miraculeuse guérison.

Un autre habitant de la ville, Gerard du Chastel, était depuis huit jours paralysé de tous ses membres, par suite d'une attaque d'apoplexie qui, en même temps, l'avait rendu muet. Quelqu'un propose de recourir à la vierge de la Treille, il fait comprendre qu'il accepte. L'officieuse personne va implorer la protectrice de la cité ; à son retour elle trouve le malade dans une position moins critique ; elle continue ses prières auxquelles Gerard s'associe de cœur ; l'amélioration persiste, et bientôt le pauvre infirme se trouve entièrement guéri.

Jeanne Duforest venait de mettre au monde un enfant qui n'avait vécu que peu d'instants. La malheureuse mère se désolait et pleurait à chaudes larmes ; ce qui la peinait le plus n'était pas la perte du fils à qui elle n'avait pas eu le temps de s'attacher par des liens profonds, mais bien la pensée de le savoir mort sans avoir reçu le baptême. Tout à coup l'idée lui vient de s'adresser à Notre-Dame de Lille. L'un des assistants, dans le but de la contenter, prend le corps de l'enfant et se rend à Saint-Pierre : on célébrait la messe à l'autel de Notre-Dame de la Treille ; le cadavre est placé sur la table sacrée ; mais, ô prodige ! il donne signe de vie; on s'empresse de lui administrer le premier sacrement. Cette cérémonie terminée, il pousse un soupir et se rendort dans les bras de la mort.

Barbe Carpentier, vieille femme aveugle, assistait au Saint-Sacrifice, en la chapelle de Notre-Dame de la Treille, au moment de la consécration le voile qui couvrait ses yeux se déchire, et elle recouvre le don précieux de la vue.

Une vieille femme, Michelle Prevost, était affligée depuis vingt ans d'une hernie double qui l'incommodait vivement, elle s'adresse avec confiance à la protectrice de la ville, et est délivrée de son infirmité.

Pendant les chaleurs d'un été, une maladie épidémique sévissait avec force dans les ruelles étroites et insalubres du quartier Saint-Sauveur, et faisait chaque jour un grand nombre de victimes. Parmi les personnes atteintes de la contagion, quelques-unes soutenues par un vif sentiment de foi se font porter dans la chapelle de Notre-Dame de Lille. Elles y recouvrent la santé et la vie. Entre autres noms, on cite ceux de Jean Lestoquier et de Catherine Monier sa femme, de Robert Blonck.

La nommée Agnès Pollet souffrait des douleurs aiguës d'une goutte sciatique; malgré la défense de son médecin elle se traîne jusqu'à l'autel de Marie, elle revient parfaitement guérie.

Ces faits, que nous avons pris au hasard entre des milliers, sont authentiques, et l'on sait si la censure ecclésiastique est sévère pour l'admission des faits surnaturels.

Mais ce fut surtout sur la ville elle-même que la protection de Notre-Dame de la Treille s'exerça d'une manière visible; au sein de l'hérésie protestante qui grondait partout, et l'entourait comme d'un réseau; quand Tournay, Gand, Menin, les Pays-Bas, le Brabant, s'agitaient dans les convulsions et les horreurs de la guerre, la cité de Lille resta inébranlable au sein de la véritable église. A quelques lieues à peine, les iconoclastes détruisirent en moins de huit jours 400 abbayes, églises ou couvents; à Lille l'ordre ne fut pas même troublé.

En l'an 1602, sa sainteté Clément VIII, par bulles datées du 26 septembre, accorda à la confrérie l'augmentation des indulgences. Ces nouveaux encouragements portèrent d'heureux fruits, si l'on en juge par le nombre des confrères qui en très-peu de temps s'accrut de 1680. A cette occasion, MM. du chapitre résolurent de rendre à la procession son cachet religieux et solennel en réformant les abus qui s'y étaient glissés. L'itinéraire suivi jusqu'alors la tenait en marche depuis le matin à huit heures jusqu'à trois heures de l'après-midi. Pendant ce temps bon nombre de membres du cortége, particulièrement parmi les corps de métiers et les compagnies d'archers et d'arbalétriers, faisaient de si nombreuses stations dans les cabarets qui se trouvaient sur la route, qu'à la fin, quelquefois même au milieu du parcours de la procession, ils se trouvaient dans un état d'ébriété fort inconvenant. Pour parer à ces scènes scandaleuses, les chanoines proposèrent à MM. du magistrat de restreindre l'itinéraire, ce qui fut accordé. Voici d'après un ancien manuscrit le détail de la procession du 2 juin 1603 :

« Le premier juin, veille de la procession de la ville de Lille,
« fut résolu par le magistrat qu'elle commencerait a partir le
« jour a six heures du matin, au lieu de huit heures.

« Les corps de metiers sortirent de l'eglise collegiale de
« Saint-Pierre a six heures du matin, puis les quatre sermens,
« auxquels furent ordonné par MM. du magistrat de ne pas
« quitter leur rang, allans ou bon leur semblait, jusqu'a ce que
« les chasses fussent a peu près rentrées dedans la ville; les
« Arbaletriers, Archers et joueurs d'épée eurent leur quartier
« dans la rue de Fives et les arquebusiers ou canonniers dans
« la rue des Malades vis-à-vis de leur jardin, apres lesquels
« serments suivirent les confreries et le clergé, etans arrivés a
« la chapelle de la Ste Trinité, on sortit de la ville par la porte
« des Malades, on prit le chemin qui mène a Seclin vers le
« faubourg du Molinel, puis au moulin de le Saux vers le fau-
« bourg de la Barre, a la porte St Pierre au Bacque Isaac, vers
« le faubourg de Courtray le long du Viez du chateau, qui fut,
« passant près de la porte de Courtray et de la maison des
« Orphelins dit enfans de La Grange a present des Bleuëts, de là
« a la porte des Reignaux le long de la chaussée des Littes la
« chaude riviére, devant la porte de Fives, a la porte de
« St Sauveur et rentrerent a la porte des Malades. Les peres
« Jacobins ou freres Prescheurs, les freres Mineurs ou Capucins
« accompagnerent la procession avec leur croix, au lieu
« qu'auparavant chacun retournait dans son couvent: Lesdits
« religieux n'avaient encore eté a ladite procession au dehors
« de la ville depuis leur etablissement, a cause que la procession
« n'etait achevé pendant la matinée. »

Cette organisation ne fut maintenue que deux années ; le but
que l'on s'était proposé n'ayant pas été atteint, il fut décidé, en
1605, que la procession, au lieu de sortir de la ville, suivrait
désormais le tour des remparts.

Les choses restèrent ainsi pendant vingt-cinq années, sans
aucun incident digne d'être signalé. Pendant ce temps la piété
publique prit de nouvelles et profondes racines. Les indulgences
plenières accordées en 1628 par le pape Urbain VIII,
et surtout la solennité qui eut lieu quelques années plus
tard, achevèrent de la porter à son apogée. Avant de
faire le récit de cette fête, disons les causes qui l'amenèrent.

Au commencement de 1654, une pieuse dame, Jeanne Ricart, désireuse de prouver son dévouement à Notre-Dame de la Treille, demanda et obtint de MM. du chapitre la permission de faire restaurer la chapelle. Afin de faciliter le travail et principalement pour éviter les accidents, on enleva la statue du piedestal, où, pour me servir de l'expression d'un ancien poëte, elle tenait sa cour depuis près de six siècles.

Lorsque les travaux furent achevés, Messieurs les chanoines décidèrent de la replacer en grande cérémonie. Les préparatifs furent poussés avec vigueur, et le 19 octobre une procession générale ouvrit la fête. Jamais depuis la fondation de Marguerite de Constantinople une procession ne s'était faite d'une façon si splendide, jamais non plus semblable affluence de monde n'avait été remarquée; Lille regorgeait d'étrangers. Pendant les neuf jours que l'image de la protectrice de la cité fut exposée à la dévotion des fidèles, des dons innombrables furent déposés entre les mains de MM. les chanoines.

Pour donner à cette fête un caractère exceptionnel, MM. de Saint-Pierre eussent désiré que les membres du magistrat profitassent de cette circonstance pour consacrer solennellement la ville à celle que depuis longtemps déjà on appelait la vierge de Lille. Le père Jean Vincart, de la compagnie de Jésus, prédicateur ordinaire de la chapelle de Notre-Dame de la Treille, fut choisi pour cette délicate mission. Il fut reçu par Messire Jean le Vasseur, mayeur de la ville, remplissant par intérim les fonctions de rewart, à qui il exposa les desirs de Messieurs du chapitre.

Celui-ci, après s'être concerté quelques instants avec les membres présents, répondit en ces termes :

« Messieurs du magistrat vous savent bon gré de ce que vous
« leur avez proposé, et feront volontiers tout ce que est pour
« l'honneur de Notre-Dame de la Treille; c'est pourquoi ils
« accordent de faire chanter une messe solennelle à l'autel de
« la même vierge en l'église Saint-Pierre, où ils assisteront en
« corps et feront porter les clefs de la ville pour être mises
« sur l'autel et offertes à Notre-Dame à la messe, l'acceptant

« de nouveau pour patronne tutélaire de la ville, à cette fin
« ils feront porter par leur héros le labarum de la dédicace,
« lequel demeurera en ladite chapelle pour témoignage de
« cette dévotion[1]. »

La cérémonie fut fixée au 28 octobre 1634, dernier jour de
la neuvaine.

Ce fut un beau jour que celui-là : dès le matin le canon
tonnait sur les remparts, les cloches sonnaient à toute volée,
la ville avait revêtu ses habits de fête. Partout des tentures
élégantes, partout des fleurs, partout la joie la plus pure.

A neuf heures du matin le cortége se mit en marche pour
se rendre à la collégiale ; en tête le mayeur suivi de MM. les
échevins, au milieu du groupe un héros portait le labarum.
Sur la face était brodée l'image de Notre-Dame de la Treille
regardant avec tendresse la ville de Lille figurée au bas. Au-
dessus se lisait cette exergue.

L'HABITANT DE CETTE ILE DIRA
VOILA NOTRE ESPÉRANCE.

Et au revers.

LE MAGISTRAT ET LE PEUPLE CONSACRENT LILLE
A NOTRE-DAME DE LA TREILLE (1634).

La collégiale était magnifiquement décorée. Les arcades
étaient reliées entre elles par de riches draperies entrelacées
avec de fraîches guirlandes de verdure, au fond l'autel appa-
raissait entouré d'une auréole de cierges, que faisaient pâlir
les rayons d'un brillant soleil ; des flots d'encens noyaient
dans leur couleur bleuâtre la masse des détails, et, entourant
la statue de nuages mobiles, faisaient rêver l'âme aux splen-
deurs célestes.

Messieurs du magistrat prirent place dans le chœur et la
messe commença.

---

[1] *(Textuel.)* P. JEAN VINCART, *Histoire de Notre-Dame de la Treille*, Tournai
1671.

Des morceaux d'harmonie alternaient avec les chants sacrés. au moment de l'offertoire la musique se tut. M. Jean le Vasseur vint s'agenouiller, devant l'autel tenant en main le labarum et les clefs de la ville; l'officiant les prit et les posa sur la table sacrée. Un silence imposant planait sur toute l'assemblée.

Que l'on se représente, si on le peut, la sublime majesté de cette scène : ce peuple prosterné, ce magistrat prononçant la formule de la consécration de la ville à Notre-Dame de la Treille, et du haut de son trône de gloire cette mère étendant son égide sur la cité qui l'implore par la voix de son chef. En présence de pareils tableaux l'écrivain sent sa faiblesse... L'imagination seule peut s'en faire une idée...

Le soir, à vêpres, on lisait au haut du Jubé ces mots écrits en lettres de feu :

INSULA CIVITAS VIRGINIS
(Lille cité de la Vierge.)

Pour rendre cette consécration plus complète le magistrat tout entier se fit inscrire sur les registres de la confrérie. Dès lors on ne prononça plus le nom de Notre-Dame de la Treille sans y ajouter le titre de patronne de Lille.

Peu de jours après cette cérémonie, un miracle éclatant prouva ostensiblement que Marie acceptait la tutelle de la ville : Une fille de 27 ans, Marie de l'Escurie, de la paroisse Saint-Etienne, fut publiquement guérie de plusieurs maladies et délivrée de l'esprit malin qui la tourmentait d'une manière horrible. Ce fait inaugura une nouvelle série de grâces que de 1634 à 1638 Marie se plut à répandre sur la cité. Mgr. Maximilien de Gand, évêque de Tournay, en authentiqua cinquante-trois opérés dans cet espace de quatre années.

Les fêtes religieuses de 1634 eurent un retentissement universel; la dévotion envers la vierge de Lille s'étendit aux nations étrangères; des personnes de tout rang envoyèrent leurs noms pour être portés sur les, registres de la confrérie. Parmi ces âmes d'élite pour qui la piété n'a ni limites ni frontières, il faut placer S. M. Ferdinand II, empereur d'Autriche, qui réclama pour lui et toute sa famille la grâce de faire partie de l'association. A cet effet, il envoya (janvier 1635), à MM. les chanoines, trois vélins qui furent conservés précieusement dans les archives de la confrérie.

Le premier portait pour emblèmes : Le globe céleste entouré d'étoiles et le lion du zodiaque, l'étoile polaire était marquée du chiffre de Marie avec ces mots au-dessus :

HIC POLUS EST LEOPOLDE TUUS.

Et plus bas une inscription latine dont voici la traduction :

A LA PIÉTÉ DE L'AUTRICHE ENVERS MARIE !

Étoile de la mer, continuée par le saint marquis Léopold jusqu'aux archiducs d'Autriche, émules de Sa Sainteté, et devant être éternelle.

(Pour servir de monument à la chapelle de Notre-Dame de la Treille.)

Le second vélin représentait le trône de Salomon relevé de six degrés et entouré de douze lions d'or dont deux portaient guidon aux armes d'Autriche et de Flandres.

Au-dessus se lisait cette devise :

PER ME REGES REGNANT [1].

Et au-dessous :

A LA GLOIRE DE MARIE !

L'illustre impératrice du ciel et de la terre, FERDINAND SECOND, très-sacré empereur, FERDINAND III, roi apostolique de Hongrie et de Bohême, avec leurs épouses et leur très-auguste famille, l'impératrice, la reine, l'archiduc, fils de César, et leurs filles sérénissimes, ont écrit elles-mêmes, avec leurs devises, leurs noms vénérés par toute la terre pour être inscrit sur le registre de la confrérie de Notre-Dame de la Treille, en signe de l'amour qu'ils lui portent.

[1] Par moi les rois règnent.

En tête du troisième se trouvait : l'aigle de l'Empire avec une couronne transversalement placée et coupée par deux palmes ; au-dessus se lisait le nom de Marie, au-dessous ceux des nouveaux confrères placés dans l'ordre suivant :

16 M. L. 35

Corona légitime certantibus

FERDINANDUS [1].

16 F. 35

Erit unica mihi

LEONORA [2].

16 M. 35

Pietate et justitia

FERDINANDUS [3].

16 F. 35

In charitate fidè et spè erit fortitudo mea

MARIA [4].

16 35

Timore Domini

LEOPOLDUS [5].

16 35

Fiat Dei voluntas

MARIA ANNA [6].

16 55

Diligo Deum

CELINA RENATA [7].

---

[1] La palme aux légitimes combattants.—Ferdinand II, empereur d'Autriche.

[2] A mon unique.—Léonora de Mantoue, impératrice d'Autriche.

[3] Par la piété et la justice.—Ferdinand, roi de Hongrie et de Bohême.

[4] Ma force est dans la Charité, la Foi et l'Espérance. — Maria, femme de Ferdinand, roi de Hongrie et de Bohême, fille de Philippe III, roi d'Espagne.

[5] Craignant le Seigneur.— Léopold, archiduc d'Autriche.

[6] Que la volonté de Dieu soit faite.—Maria Anna, femme de Maximilien, électeur et duc de Bavière.

[7] Je chéris Dieu.— Célina Reneta, femme de Wladislas, roi de Pologne.

L'inscription de ces noms royaux eut lieu le 29 novembre 1655, jour de la fête de saint André. Une messe solennelle fut chantée par M. le doyen du chapitre à laquelle assistèrent MM. les membres du magistrat, des corps de justice, de la gouvernance de la cour des comptes. Sous un dais placé au milieu du chœur se trouvaient les écussons aux armes de Flandres et d'Autriche et les trois vélins envoyés par l'empereur Ferdinand.

A côté de ces illustrations de souche royale vinrent se placer les sommités de la science. L'Université de Douai se fit inscrire toute entière sur les registres de la confrérie de Notre-Dame de Lille. La même année, un prélat recommandable par sa vertu et son érudition, Mgr l'Évêque de Tournay, vint mettre son diocèse sous la protection de Notre-Dame de la Treille.

Voici la formule de cette consécration dont l'original fut aussi placé dans les archives de l'association :

MARIE, mère de Dieu et vierge, célèbre auprès des Lillois et miraculeuse dans l'église de Saint-Pierre, sous le titre de la Treille; comme Philippe-le-Bon, duc de Bourgogne et comte de Flandre, s'est autrefois dedié avec sa noblesse et ses premiers chevaliers de la Toison-d'Or dans cette église et à votre honneur; ainsi moi, comme pasteur et évêque, désireux de veiller au bien et au salut de mon troupeau, je viens l'introduire avec moi dans l'enclos sacré de votre treille, vous priant de nous y conserver et disposer pour le ciel.

Le tout votre, par droit de possession et d'usage.

MAXIMILIEN, évêque de Tournay.

Vingt-trois ans plus tard, la ville de Tournay vint ratifier elle-même l'acte de consécration de l'illustre prélat.

Le 5 août 1659, un magnifique cortège, exclusivement composé d'habitants de la ville, partit de Tournay pour venir honorer à Lille la vierge de la Treille. A cinq heures de l'après-midi, les pèlerins firent leur entrée dans nos murs, au bruit du canon qui grondait sur les remparts, au son des cloches, aux salves de mousqueterie de la garde bourgeoise, à qui ils répondirent par des décharges de pistolet. MM. du magistrat les reçurent à la porte des Malades, et les remercièrent au nom des habitants de la ville de leur pieuse visite. Après les compliments ils les conduisirent à la collégiale de Saint-Pierre où MM. du chapitre les reçurent en grande pompe.

Le lendemain matin, à sept heures, une messe, à laquelle assistèrent les Tournaisiens, fut chantée *in Pontificatibus* par M. l'abbé de Cysoing. A l'Offertoire, un des membres de la députation lut à haute voix les vers suivants:

A la très-auguste et miraculeuse vierge Nostre-Dame de la Treille
en l'église collégiale de Saint-Pierre à Lille,
patronne de la ville!

HOMMAGE

Rendu par les habitants de Tournay, se dédiant pour la première fois
à son honneur par un pélérinage annuel, érigé en confrerie
dans l'église paroissiale de Saint-Nicaisse à Tournay.

Emperière du ciel, auguste en vostre Treille,
Ou préside l'amour, ou la clémence veille,
Pour distraire, ou tarir la source de nos pleurs:
C'est bien par vostre employ, que la paix nous arrive,
Puisque c'est en vostre isle ou se cueille l'olive,
Et le lys argenté qui brille entre vos fleurs.

Quoi? ne fallait-il pas que cette longue guerre,
Dont nous avons ouy si souvent le tonnerre,
Menacer nos rapars, nos murs et nos citez;
Se vint rendre à vos pieds et que brisant ses armes,
Sans pouvoir résister plus longtemps à vos charmes,
Se laissant composé au gré de vos bontez?

Des qu'on vit vostre image éclater en miracles,
On apprit aussitost par la voix des oracles,
Que la mort n'avait plus d'assurance au tombeau:
C'est par vos agrémens que l'Espagne et la France,
Brise aujourd'hui le fer par ce nœud d'alliance,
Qui va mettre le monde en un lustre nouveau.

Vostre treille peut tout: c'est la qu'on nous accorde
La fin des grands malheurs qu'amène la discorde,

2

Et de ce que l'enfer suscite contre nous :
Vierge quand vostre fils vous voit en cet office,
Il arrete aussi tost le bras de sa justice,
Et veut que vostre amour gouverne son courroux.

Ce cierge que Tournay vous présente en hommage,
Fera voir desormais, que Mars et que sa rage
Redoute les éclats et l'odeur de vos lys :
Et qu'estant aujourd'hui rangéz sous vostre azile,
Nous reverras bientot aussi bié que das Lille,
Nos fauxbourgs réparés, nos chasteaux restablis.

Cependant permettez princesse non pareille,
De la terre et du ciel l'adorable merveille,
Que nous soyons tousiours vos fideles voisins :
Faites que vostre non, cette pompe annuelle
Augmentât en nos cœurs le feu de vostre zele.
Nous conserve l'honneur d'estre vos pélérins.

Depuis cette époque la ville de Tournay continua chaque année un pèlerinage à Notre-Dame de la Treille, pour la prier d'étendre sur elle sa généreuse protection. La révolution de 1792 mit fin à cette pieuse coutume ; mais en 1845 de fervents Tournaisiens la remirent en vigueur, et tous les ans l'église Sainte-Catherine les voit prosternés aux pieds de la sainte madone qu'elle a le bonheur de posséder.

(1667). Louis XIV qui, quelques années auparavant, avait épousé l'infante Marguerite d'Espagne, réclamait à Charles II, son beau-frère, la succession entière du duché de Brabant et de ses annexes comme étant l'apanage de sa femme. A l'appui de cette réclamation, le roi de France fit passer en Flandres trois corps d'armée au milieu de l'année 1667; en moins de deux mois il prit Charleroy, Brinch, Mons, Ath, Douai, le fort de la Scarpe, Tournay, Audenarde, puis vint mettre le siége devant Lille. Les habitants effrayés eurent recours à Notre-Dame de la Treille, la priant de préserver la cité des horreurs de la guerre. Le mauvais vouloir de la garnison, composée presqu'entièrement de soldats espagnols, paralysa le courage des soldats citoyens[1], et,

---

[1] Ce fait est positif. Voyez à ce sujet l'Histoire de Lille, de M. V. Derode.

huit jours après l'ouverture du siége, Lille demanda à parlementer. Mais jusque dans sa défaite, la capitale de la Flandre garda sa noble fierté; la capitulation n'eut lieu que sur la promesse sacrée de la part de Louis XIV de conserver les priviléges, franchises et immunités de la ville. Les clauses furent stipulées dans un contrat renfermant 68 articles que le rewart. M. de Beaupré, fit soumettre au roi. Lille lui ouvrit ses portes le 28 août 1667.

A son entrée, le monarque vainqueur fut conduit par le magistrat à la chapelle de Notre-Dame de la Treille, où il prit place sur un trône destiné à le recevoir. Le rewart, alors prenant à la main le livre des saints évangiles, s'avança vers lui :

« Sire, dit-il, jurez vous ici que vous garderez et maintiendrez la ville, ses lois, usages, franchises et coutumes, les corps et biens des bourgeois, et les gouvernerez par lois et echevinage; et ainsi jurez vous, sur les saints evangiles et les saintes paroles qui y sont ecrites, que vous les tiendrez bien et loyalement? »

« Je le jure, » fit Louis XIV en étendant la main.

« Sire, reprit le rewart, nous nous engageons a defendre votre corps et votre heritage du comté de Flandres, et ainsi jurons de le faire loyalement a notre sens et selon notre pouvoir[1]. »

Quarante années plus tard, lorsque les alliés, commandés par le prince Eugène, vinrent de nouveau mettre le siége devant Lille, le magistrat, confiant dans la protection de la mère de Dieu, promit une procession générale et une ample distribution d'aumônes si la ville et les personnes des habitants étaient respectées. Le vœu fut exaucé, car Lille, prise après une défense de cinq semaines, ne souffrit en aucune façon du siége ou de l'occupation par les troupes étrangères; bien plus, malgré la croyance des vainqueurs (ils étaient protestants), la liberté de conscience fut laissée dans sa plus grande extension. L'année suivante, au mois de juin 1709, la procession sortit

[1] Paroles textuelles.

comme de coutume, et partout sur son passage les alliés se firent remarquer par leur déférence pour les cérémonies du culte catholique.

La protection visible dont deux fois en moins d'un demi-siècle Marie avait couvert la ville avait merveilleusement préparé les habitants à célébrer dignement le cinquième jubilé séculaire de leur aimable patronne ; aussi, en cette solennité où furent déployées toutes les pompes dont la religion peut disposer, secondèrent-ils de tout leur pouvoir les efforts du clergé pour donner à cette fête un cachet spécial de splendeur et de majesté. Ils se remémorèrent les grâces versées par Marie sur la cité de Lille, les merveilles de dévotion de leurs aïeux, que, par respect pour leur mémoire, ils doivent au moins égaler ; la consécration de la ville à Notre-Dame de la Treille, cérémonie qui les avait fait ses enfants, et le zèle qu'ils déployèrent en cette circonstance, fut celui de fils qui se préparent à fêter une mère chérie.

Voici d'après un ancien original le programme du cortège[1] :

LE TRIOMPHE DE LA SAINTE-VIERGE

SOUS LE NOM DE NOTRE-DAME DE LA TREILLE

PATRONNE DE LA VILLE DE LILLE

REPRÉSENTÉ A LA PROCESSION DE LA VILLE LE 16 JUIN 1754

A l'occasion de l'année séculaire de l'institution de la Confrérie érigée en 1254 dans l'église collégiale de Saint-Pierre.

PREMIÈRE MARCHE

Le triomphe de la sainte Vierge dans le culte que lui ont rendu les personnes les plus distinguées.

La Renommée en fera l'ouverture. Elle portera sur la banderolle de sa trompette ces paroles : « *Audite insulæ, et attendite populi de longe.* »

---

[1] Imprimé, 1754, chez J.-B. Henry, imprimeur de MM. du Magistrat.

Elle sera environnée d'une troupe d'anges portant le nom : *Maria;* suivront un timbalier et six trompettes qui seront précédés d'un ange avec cette devise : « *Buccinate tuba in insigni die solemnitatis vestræ.* » Faites retentir la trompette en ce jour solennel.

Six sibylles annonceront les éloges de la sainte Vierge dans l'auguste qualité de mère de Dieu ; elles auront chacune leurs prédictions.

La 1re, de Perse : *C'est d'un sein virginal que ce grand Dieu doit naître.*

La 2e, de Lybie : *Reine de l'univers, le roi se repose en son sein.*

La 3e, de Delphes : *Il naîtra d'une vierge mère.*

La 4e, de Cumes : *Il choisira pour mère une vierge sans tache.*

La 5e, de l'Hellespont : *J'ai vu combler d'honneur celle de qui doit naître un fils plein de splendeur.*

La 6e, d'Europe : *Le Verbe tout-puissant doit naître d'une vierge.*

Elles seront suivies de Moïse avec cette devise : « *Le buisson toujours ardent.* »

Suivra un char qui représentera la montagne d'Horeb, sur laquelle Dieu apparut à Moïse dans un buisson ardent qui ne consumait point. Symbole de la maternité de la sainte Vierge sans perte de sa virginité.

Viendront une troupe d'anges tutélaires de la confrérie, dont le premier tiendra le livre de la confrérie ouvert, sur lequel on lira : « *On inscrira dans votre livre tous les noms des fidèles.* »

Le second portera cette inscription : « *Transite ad insulas et videte.* »

---

[1] Nous nous bornerons désormais à donner la traduction des devises et inscriptions latines.

Le troisième aura cette devise : « *Vos fidèles serviteurs se sont réunis pour vous marquer leur attachement.* ».

Les autres porteront les écussons des villes et provinces dont les peuples et les habitants se sont fait enregistrer dans cette confrérie. Le dernier d'entre eux, sur le haut d'un char, pour rappeler l'année que les pèlerins de Tournay sont venus pour la première fois se consacrer à Notre-Dame de la Treille, aura ce chronique : « *Les pèlerins de Tournay se consacrent à l'immaculée Vierge de Lille.* »

Suivront des seigneurs portant le nom de l'empereur Ferdinand II, ceux de la famille de cet empereur inscrits dans le livre de la confrérie, et ceux de Charles V, de Philippe, des archiducs Albert et de l'infante Isabelle, de Philippe le Bon et d'Isabelle son épouse.

Des seigneurs de la cour de France, dont l'ange tutélaire aura cette devise : « *Elle est environnée de lys* » précéderont le char sur lequel notre auguste monarque représentera saint Louis; la reine, Monseigneur le Dauphin, Madame la Dauphine, Monseigneur le duc de Bourgogne y tiendront les places des princes et princesses de la famille du saint roi.

Le chiffre de la sainte Vierge, entouré de rayons, paraîtra sur un carreau de velours dans le trône du milieu, au devant duquel on lira : « *C'est par moi que les rois gouvernent, et que les princes commandent.* » Sur le char paraîtra l'écusson de France avec cette devise : « *Il est venu pour cueillir des lys.* » Celui de la reine avec ces mots : « *Elle est en honneur devant Dieu et devant les hommes.* » Celui de Monseigneur le Dauphin avec cette inscription : « *Il fleurira comme le lys.* » L'écusson de Madame la Dauphine avec ces paroles : « *Comblez votre héritage de bénédictions.* » Celui de Monseigneur le duc de Bourgogne avec cette devise : « *Il est nourri parmi les lys.* » Celui des enfants de France avec cette inscription : « *Tendres fleurs croissez comme le lys.* »

SECONDE MARCHE

Le triomphe de la sainte Vierge dans la protection que les princes souverains ont accordée à la Confrérie.

La piété et le zèle pour le culte de la sainte Vierge feront l'ouverture de cette marche. La piété aura cette devise : « *Les plus distingués de la nation vous rendront leurs hommages.* » Et le zèle aura celle-ci : « *Relevez son nom par de magnifiques éloges.* »

Viendra seul le hérault d'armes des chevaliers de la Toison-d'Or, portant le grand écusson de l'ordre. Au haut de la croix de saint André, entourée du collier de l'ordre terminé par la Toison, on lira le nom « *Maria.* » Et plus bas cette devise : « *Elle répandra des grâces aussi abondantes que la rosée qui tomba sur la toison.*

Les chevaliers, au nombre de vingt-quatre, marcheront deux à deux et porteront leurs écussons ; celui du prince sera porté par un écuyer.

Philippe le Bon, au milieu des quatre officiers de l'ordre, du chancelier, du trésorier, du greffier et du roi d'armes, formera la marche des chevaliers, tous revêtus du collier de l'ordre. Suivra un phaéton sur lequel sera représentée Isabelle de Portugal, duchesse de Bourgogne, avec ses dames d'honneur ; viendront ensuite les différents seigneurs des Pays-Bas qui, s'étant fait enregistrer dans cette confrérie avec la comtesse Marguerite, lui ont aussi procuré différents avantages.

Ils seront précédés de l'ange de la noblesse portant cette devise : « *On chantera ses louanges en présence des grands de la terre.* »

Cette marche sera fermée par Guy de Dampierre, comte de Flandres.

Suivra le char sur lequel on représentera la comtesse Marguerite remettant aux députés du magistrat de Lille le diplôme de la procession et de la franchise des neuf jours ; sur l'ouverture du diplôme on lira ces mots : « *Rendez ce jour solennel.* »

Sur le devant du char paraîtra l'écusson de la comtesse avec cette devise : « *Le lieu où vous faites votre gloire a toujours été l'objet de mon amour.* »

Au bas deux anges porteront de petits étendarts ; sur le premier on lira : « *Elle n'a que trop mérité les éloges de cette ville.* »

Sur le second il y aura cette inscription :

LAUDEM EJUS IN INSULIS NUNTIABUNT.

TROISIÈME MARCHE

Le triomphe de la sainte Vierge dans les prérogatives dont l'église a honoré la Confrérie.

La religion tiendra un étendart sur lequel on lira ces paroles : « *Je publierai vos louanges au milieu de l'assemblée des fidèles.* »

Elle sera suivie de six anges portant des branches de palme en rond sur des bâtons d'argent, avec les éloges de la Sainte-Vierge dans son triomphe, *Mariæ*, au-dessus une étoile.

Le second, *Deiparæ*, avec un lys argenté, et au-dessus le nom de *Jésus* entouré de rayons.

Le troisième, *Immaculatæ*, représenté par un feu dans un réchaud d'argent.

Le quatrième, *Cancellatæ*, avec un lys dans une treille.

Le cinquième, *Victricæ*, avec une palme et une épée en sautoir.

Le sixième, *Pacificæ*, avec deux mains jointes ensemble, couronnées de branches d'olivier.

Viendront plusieurs fidèles portant les chiffres des souverains pontifes, cardinaux et évêques.

Suivront les cardinaux légats portant les bulles, ils seront précédés d'un ange avec cette devise : « *Les bergers avec leurs troupeaux viendront se rendre à ses pieds.* »

Cette marche sera fermée par un char sur lequel le souverain Pontife sera assis au milieu des cardinaux et des évêques ; sur le devant du char paraîtront les attributs de l'Eglise ; un ange assis au devant du souverain Pontife tiendra cette devise : « *La tendresse paternelle ouvre en leur faveur ses trésors.* »

QUATRIÈME MARCHE

Le triomphe de la sainte Vierge dans la dévotion du clergé, du magistrat et du peuple de Lille.

Les anges tutélaires de la confrérie en feront l'ouverture ; on lira sur leurs étendarts ces mots :

AD INSULAS DIVULGATUM EST NOMEN TUUM.....

QUI SERVIUNT EI, EOS DILIGIT DEUS.

Elle sera comblée de gloire dans la société des élus.

Les confrères congréganistes particuliers et associés à cette confrérie publieront les merveilles que la Sainte-Vierge a opérées par son intercession, et imploreront son assistance.

Le premier portera l'étendart de la confrérie.

Le second aura cette devise : « *Elle a guéri tous ceux qui se sont attachés à lui plaire.* »

Le troisième fera cette prière : « *Souvenez-vous de vos fidèles serviteurs.* »

Les autres porteront le chiffre de la Sainte-Vierge sur leurs écussons.

Les anges tutélaires de la ville annonceront les marques de la protection de la sainte Vierge envers le magistrat et les habitants.

Le premier aura cette devise : « *Je placerai mon tabernacle au milieu de vous.* »

Le second aura cette inscription : « *La protection salutaire environnera vos remparts.* »

Le troisième aura celle-ci : « *Elle a enrichi considérablement son peuple de ses dons.* »

Le hérault de la ville portera l'étendart que le magistrat présenta en 1634.

Suivront les principaux de la ville, qui demanderont à la sainte Vierge la continuation de sa protection par cette prière : « *Daignez jeter sur nous, qui sommes votre peuple, un regard favorable.* »

Et porteront les armes de la ville sur leurs écussons.

Le dernier d'entre eux, sur un Phaéton, présentera le renouvellement des vœux du magistrat et des habitants par ce chronique :

SANCTÆ VIRGINI MARIÆ CANCELLATÆ URBIS PROTECTRICI
SENATUS POPULUSQUE INSULENSIS VOTA RENOVANT.

Viendront une troupe choisie du clergé, publiant les faveurs de la sainte Vierge envers l'église et le chapitre de Saint-Pierre ; ils porteront des bannières avec les armes du chapitre ; ils seront précédés d'un d'entre eux avec cette devise : « *L'arche d'alliance du Seigneur est au milieu de nous.* »

Suivront plusieurs anges portant des roses et des fleurs de lys mêlées de devises, qui précéderont le char sur lequel sera représentée la sainte Vierge environnée d'une treille, assise sur son trône placé au milieu d'une fleur de lys soutenue par quatre anges.

Deux autres anges présenteront les hommages du magistrat par cette devise : « *Jetez les yeux sur cette ville qui vous consacre ses fêtes solennelles.* »

Et les vœux des habitants par celle-ci :

L'HABITANT DE CETTE ILE DIRA :
VOILA NOTRE ESPÉRANCE.

Au devant du char paraîtra ce chronique :

ALMÆ OPPIDI PROTECTRICI.

Et dans le contour celui-ci :

CONSECRATÆ LILLÆ MOENIACINGE CANCELLIS.

(Copié conforme.)

A la suite de ce cortége venaient :

Le clergé revêtu de ses habits pontificaux et précédé des bannières des paroisses de la ville.

Les châsses contenant les reliques de saint Eubert, évêque et confesseur, saint Victor, saint Etienne, saint Pierre, saint

Macaire, sainte Concorde, sainte Priscille, sainte Catherine, sainte Agathe, sainte Ursule, etc, en tête desquelles se trouvait, sur un char magnifique, la fierte contenant les précieux restes de Marie.

Messieurs du magistrat, de la gouvernance, de la cour des comptes et des corps de justice.

La marche était fermée par les corporations des métiers, les sociétés d'Archers et d'Arbalétriers, et les compagnies bourgeoises.

L'enthousiasme public répondit à la splendeur de cette fête. Mais hélas ce fut le dernier éclat de la dévotion des Lillois envers Notre-Dame de la Treille. Les processions continuèrent, mais la foi resta stationnaire, et l'on sait que dans la foi le repos c'est la mort.

L'horizon se chargeait de sombres nuages, qui faisaient présager une tempête; les ferments de l'anarchie commençaient à répandre parmi le peuple de tristes doctrines. En vain les ministres de la religion voulurent ranimer la piété des habitants, leurs voix furent étouffées par les cris des clubs; la révolution commençait son œuvre, 1789 et 1790 passèrent terribles sur le cœur des âmes pieuses. En 1791 la procession sortit pour la dernière fois. Peu de temps après les biens ecclésiastiques furent confisqués (mot étrange) et l'église Saint-Pierre fermée au culte, on en fit un magasin. L'année suivante un commissaire des vivres la réclama pour parquer des moutons « qu'il n'était « plus possible de laisser hors de la ville exposés aux injures « du temps; » là ne devaient pas s'arrêter les profanations, on eût dit qu'à l'exemple du divin maître dans sa douloureuse agonie le monument devait passer par tous les outrages pour arriver à sa destruction. En 1795 des misérables osèrent lever le marteau sur la vieille basilique que tant de souvenirs religieux et locaux eussent dû épargner. Rien ne trouva grâce devant eux : Les voûtes qui depuis quatre siècles avaient tant de fois retenti sous les chants sacrés ou les pieuses prières frémirent sous les chansons et les blasphèmes des patriotes.

Les tombeaux furent brisés, et les restes des comtes de

Flandres, des bienfaiteurs de la cité, qui dormaient aux pieds des autels, furent dispersés ou jetés à la voirie... infamie!!! On dansa la carmagnole devant le tabernacle, et l'image de Notre-Dame de la Treille fut mise à l'encan avec un lot de bois de démolition.

Lillois? qui quelques années auparavant vous prosterniez sur le passage de cette auguste mère, qui veniez dans son temple lui offrir vos joies, lui demander des secours dans vos peines, étiez-vous parmi les démolisseurs? ou subissiez-vous le joug de ces vandales, véritables suppots de l'enfer?

Oh! combien une telle conduite vous eût mérité de Marie un châtiment exemplaire. Il n'en fut rien, au contraire, lorsque dans presque toutes les villes et bourgades de France, le couteau national était en permanence et versait à travers les rues des flots de sang, la main de Marie étendait sur la cité de Lille l'égide tutélaire dont la piété de nos ancêtres avaient armé son bras, et la mort n'osait franchir nos remparts. En ce moment surtout notre patronne fut une mère de bonté ineffable, nous la reniions et elle nous sauvait.

La statue de Notre-Dame de la Treille se trouvait, nous l'avons dit, dans un lot de bois à vendre, lorsque le hazard, la providence plutôt conduisit sur les lieux un ancien sacristain de Saint-Pierre, Alain Cambier. A la vue de la madone devant qui s'étaient prosternés tant d'illustres personnages, le brave homme ne peut retenir ses larmes, et sans calculer le péril auquel il s'expose (il y en avait alors à montrer de la noblesse de sentiment) il demande à l'acheter, on refuse, il insiste, offre une forte somme, on se décide enfin, et le veillard l'emporte et va la cacher comme l'avare cache son trésor, ou comme un fils cache sa mère lorsqu'il s'agit de la soustraire aux mains des Bourreaux.

Les années qui suivirent portèrent mais en vain de terribles coups à la religion. L'athéisme chercha à s'implanter en France, car je ne puis supposer que les inventeurs du culte de la déesse Raison aient eu réellement la prétention d'en faire une religion à l'usage du peuple français... Enfin des jours meilleurs se levèrent; les temples se rouvrirent, les prêtres exilés ou ceux qui avaient été assez heureux pour échapper à la persécution regagnèrent leur églises ; le catholicisme inonda le monde de sa divine lumière, et une ère nouvelle s'ouvrit, qui voila les taches de sang que la tourmente révolutionnaire avait laissées sur les pages de l'histoire.

Ce fut sous l'administration de M. A. Destombes, premier curé de Sainte-Catherine, que l'image vénérée fut remise à cette église. Mais les liens étroits qui unissaient le peuple à Notre-Dame de la Treille avaient été brisés dans les années de la liberté, c'était à peine si quelques personnes souvenantes du passé venaient s'agenouiller devant la sainte relique. Les choses restèrent en cet état jusqu'en 1842 ; à cette époque un enfant de la cité, M. Charles Bernard, curé de Sainte-Catherine, aujourd'hui vicaire-général, entreprit de ressusciter la dévotion envers Notre-Dame de Lille. A cet effet il fit célébrer pour la première fois en cette paroisse le mois de Marie. Le 1er mai 1842, jour de l'ouverture, un salut solennel fut chanté, à l'issue duquel montant en chaire, il remémora à son nombreux auditoire les souvenirs qui se rattachaient à la statue miraculeuse de Notre-Dame de la Treille ; il passa en revue les héros, les personnages illustres, les pieux pèlerins qui étaient venus se prosterner à ses pieds ; il redit les merveilles de dévotion des générations d'autrefois et les miracles qui y avaient été opérés. Émus par les couleurs vives et touchantes de ce tableau, entraînés par cette voix de l'âme qui attire vers tout ce qui est noble ou vraiment religieux, la plupart des assistants adorèrent en Marie l'ancienne protectrice de la ville. Le premier pas était fait, le culte de Notre-Dame de la Treille allait renaître de l'oubli.

Deux ans après sa sainteté Grégoire XVI, par bulles en date du 1er Avril, érigea canoniquement en l'église paroissiale de Sainte-Catherine, la confrérie de la Treille. Cette heureuse confirmation des priviléges fut célébrée par une fête qui eut lieu le 9 juin de la même année : une magnifique procession parcourut les nefs de l'église. Car Dieu était alors emprisonné

3

dans ses temples, les cérémonies extérieures étaient défendues.
Mais le recueillement général dut consoler le pasteur de cette
séquestration forcée. Les registres de la confrérie se couvrirent
de signatures ; dès ce moment le nombre des associés s'accrut
de jour en jour. Depuis sa restauration le culte de Notre-Dame
de Lille a déjà reçu trois approbations authentiques de
Mgr. Pierre Giraud (26 avril 1849), de Mgr. Régnier, son digne
successeur, en dernier lieu du souverain Pontife Pic IX. A côté
de celles-ci se placent celles données tacitement par les
membres éminents du clergé dont les noms sont inscrits dans la
pieuse congrégation.

Mgr J. Héliani, archevêque de Damas, 3 janvier 1846 ; le
révérend Père J. Roothaan, général de la Compagnie de Jésus ;
Le Père Ravignan ; Mgr Parisis, évêque d'Arras ; Mgr de Chalons ;
Mgr Monnet, vicaire-apostolique de l'île de Madagascar ;
Mgr Rappe, évêque de Cleveland ; Mgr Regnier, archevêque de
Cambrai ; M. l'abbé Combalot, missionnaire apostolique ;
Mgrs Maurice de Saint-Palais, évêque de Vincennes (États-Unis) ;

Daniel, évêque de Philadelphie ;

Charbonneau, vicaire-apostolique ;

Labis, évêque de Tournay ;

Joseph, évêque de Saint-Pol (États-Unis) ;

Verolles, vicaire-apostolique du Maduré ;

Wicart, évêque de Fréjus ;

Nix, évêque de Vendôme ;

Nacar, archevêque de Nabk et Kériatine ;

Forcade, vicaire-apostolique de la Cochinchine ;

De Garsignies, évêque de Soissons ;

Duprez, évêque de Saint-Denis, etc., etc., etc.

Le nom de Mgr Giraud, archevêque de Cambrai, se trouve
précédé de cet acte de consécration.

« Je n'ai pas voulu quitter la ville de Lille sans visiter la
« chapelle de Notre-Dame de la Treille ; sitôt que cette œuvre
« de restauration m'a été connue, elle a excité mon plus vif
« intérêt ; et ç'a été une consolation bien douce pour moi d'avoir
« renouvelé un acte de consécration au culte de la sainte Vierge,

« aux pieds d'un autel tendrement servi et honoré par les bons
« habitants de Lille et spécialement par les bons paroissiens de
« Sainte-Catherine. A l'exemple de Mgr Maximilien de Vilain de
« Gand, j'ai consacré ma personne et mes ouailles à la vierge
« de Lille, afin que cette auguste patronne de la cité m'accorde
« en tout temps son puissant secours et nous conserve tous pour
« la vie éternelle en sa treille protectrice.

« PIERRE, archevêque de Cambrai.

« Lille, le 23 février 1846. »

Entre les noms de ces sommités cléricales se lisent ceux des
membres de la noblesse, de la bourgeoisie, du commerce et
du peuple ; en un mot, toutes les classes et toutes les contrées
de l'univers ont leurs représentants dans la confrérie de Notre-
Dame de la Treille.

Il ne nous reste plus qu'à parler maintenant de la journée du
15 juin 1852. A ce sujet je rappelle la conversation que j'eus
le matin même avec un habitant de la ville :

— C'est une folie sans nom, une absurdité, que de laisser
sortir la procession, s'écriait mon interlocuteur.

— Une folie, pourquoi donc ?

— Vous me le demandez ; mais, Monsieur, c'est vouloir rame-
ner l'émeute dans nos rues, et cela arrivera ; la population n'est
pas préparée pour de semblables choses ; oui, il y aura des accidents, soyez-en sûr.

Je n'essayai pas de répondre, c'eût été impossible, mon pessi-
miste entamait une dissertation sur les processions en général et
celle de Lille en particulier. Je haussai les épaules et le saluai
poliment.

Pendant ce temps la ville se métamorphosait, les maisons
disparaissaient sous les tentures ou les guirlandes de fleurs, des
dômes magnifiques, des portiques élégants, de superbes repo-
soirs s'élevaient comme par enchantement ; une population
entière parcourait les rues admirant ces riches décorations.
Soudain un frémissement parcourt la foule, le canon tonne : la
procession se met en marche.

En tête un escadron de hussards précédé de sa musique.

Mais à quoi bon essayer de décrire ici ce splendide cortége! Cette multitude de bannières parmi lesquelles l'œil s'égare, et qui, sous le souffle du vent, se courbent, s'agitent en replis gracieux et font scintiller au soleil leurs broderies d'or enchâssées de pierreries, ces groupes d'enfants qui sèment sur leur passage la verdure et les fleurs; ces jeunes vierges dont les joues s'empourprent sous le précieux fardeau que soutiennent leurs épaules; cette longue file de prêtres parés de leurs plus beaux ornements; un pinceau exercé peut seul reproduire de semblables scènes.

Le soir, au détour d'une rue, je me trouvai face à face avec mon prophète du matin.

— Eh bien! lui dis-je, convenez, cher Monsieur, que vous aviez bien mal jugé les Lillois.

— Qu'est-ce que cela prouve? Il n'est rien arrivé aujourd'hui, c'est vrai, mais vous verrez l'année prochaine, c'est moi qui vous le dis, c'est immanquable.

Je lui tirai mon chapeau et partis en faisant à part moi cette réflexion : Raisonnez avec de pareils hommes! Heureusement leur nombre est peu considérable, et pour un sur cent qui fronde le rétablissement des processions, plutôt par esprit de contradiction que par toute autre cause, il y en a quatre-vingt-dix-neuf qui y applaudissent sincèrement.

COMMUNAUTÉ

DES

SOEURS DE NOTRE-DAME DE LA TREILLE.

Nous avons omis à dessein de parler en ses lieux et places de la communauté de Notre-Dame de la Treille afin de lui consacrer un chapitre spécial. Les heureux effets que notre ville a déjà ressentis de cette congrégation nous en faisaient un devoir.

Un membre de la Compagnie de Jésus, prêtre habitué de la paroisse Sainte-Catherine, et fervent serviteur de Marie[1], conçut le premier l'idée de fonder, sous la protection de Notre-Dame de la Treille, un établissement religieux. Son zèle s'exerça d'abord à la création d'un chœur de cantiques attaché à la chapelle de la sainte Vierge. Un certain nombre de personnes offrirent leur concours ; c'est de cette première association que naquit la communauté des sœurs de Notre-Dame de la Treille. Le digne fondateur, avant son départ, eut la joie de la voir reconnue et approuvée par son Éminence Mgr P. Giraud, cardinal-archevêque de Cambrai (1849).

Les religieuses se dévouent à la garde des malades. Nous ne parlerons ici ni de leur douceur ni de l'angélique patience qu'elles puisent dans l'exemple de leur sainte patronne ; depuis le peu d'années qu'elles exercent ce délicat ministère, elles se sont fait une réputation méritée ; et le malade accueille toujours avec un sourire l'arrivée près de sa couche d'une sœur de Notre-Dame de la Treille.

En mars 1851, elles furent appelées à desservir l'hospice de la ville de Wazemmes, elles y ont joint maintenant les infirmeries du pensionnat d'Auchy et du collège impérial de Lille. L'an dernier elles ont établi une succursale à Valenciennes au grand contentement des habitants.

La maison-mère est située à Lille, rue de la Barre, n° 19, elle possède une chapelle où se célèbre la messe. A l'ombre de cet autel quatre pieuses associations ont déjà vu le jour, ce sont : Les Œuvres des Servantes, des Mères de famille, des Mères chrétiennes, de l'Adoration perpétuelle. Voilà certes un beau résultat.

La communauté compte aujourd'hui vingt-quatre professes et onze novices. Le costume se compose d'une robe de laine noire, d'un manteau et d'une pèlerine de couleur brune, d'un voile noir sur bonnet blanc. Les novices portent le voile blanc.

Les sœurs ont réuni chez elles, en un petit musée, tous les

[1] Le R. P. Wisth.

objets qui se rattachent à leur vénérable patronne ou à leur institution. On y voit entre autres choses toutes les médailles frappées à différentes époques en l'honneur de la vierge de Lille, les tableaux qui garnissaient autrefois son autel, puis une mule de satin, cadeau du très-saint Père, remis aux religieuses par M. l'abbé A. Cordier, à son retour de Rome. Enfin, à la place d'honneur, une lettre contenant la bénédiction papale. Je la retranscris ici :

SANCTISSIMO ET AMANTISSIMO

ATQUE ADMODUM PER ORBEM VENERABILI SUMMO PONTIFICI PAPA PIO IX.

> Humillima ac devotissima famula
> Sr Maria-Joseph sup. monilium B. V.
> Cancellata Insulis in Flandria.

Prosternée avec toute sa famille religieuse aux pieds de Sa Sainteté Pie IX, notre bien-aimé père le très-vénérable Pontife de l'univers catholique, sa très-indigne servante ose demander sa bénédiction apostolique pour elle et s s enfants priant sans cesse pour Sa Sainteté.

Lille, le 10 juin 1849.

> Sr MARIE-JOSEPH ,
> *Supérieure religieuse de Notre-Dame de la Treille.*

† Aliquo signo, quod ipsi
  placuerit hac in carta
  imprimendam.

P. G.

PIE IX.

Les sœurs de Notre-Dame de la Treille possèdent aussi les reliques de saint François de Sales, de saint Macaire, patriarche d'Antioche; de saint François de Chantal, et, trésors insignes, un morceau de la vraie croix et quelques boucles de cheveux de la sainte Vierge [1].

Il est facile de se convaincre, d'après ces lignes, de l'utilité de cette institution; espérons qu'elle ne restera pas stationnaire, car malgré le nombre chaque jour croissant des philanthropes (orateurs), l'humanité a encore besoin des bonnes sœurs dont le dévouement lui est plus salutaire que les tirades ronflantes de ses prétendus amis.

---

[1] Cette précieuse relique, reconnue et authentiquée en 1844 par M. Giraud, leur a été donnée en 1849 par M. le Curé de Bollezeele.

Ici se borne notre tâche; les pompeuses solennités qui vont saluer le sixième jubilé séculaire prouveront, nous en sommes convaincu, que Lille est encore digne de la protection de Marie. Mais à côté de cette fête religieuse va se placer une œuvre durable : c'est là surtout que la piété publique pourra prendre son essor. La belle pensée exprimée du haut de la chaire de Sainte-Catherine par M. l'abbé Combalot n'est pas tombée dans une terre stérile; et lorsque l'orateur s'est écrié que Marie n'avait pas une église digne d'elle, les Lillois ont recueilli cette parole : Élevons, se sont-ils dit, un temple à la hauteur de notre reconnaissance ; et à l'instant ils se sont mis à l'œuvre. Les offrandes reçues jusqu'à ce jour ont été magnifiques, mais les frais sont immenses; c'est dire ce que l'on attend encore de la piété des habitants de la cité. Qui pourrait refuser de poser sa pierre à l'édifice sans abdiquer son titre de Lillois? Qui pourrait refuser son offrande à l'église de Notre-Dame de la Treille sans renier ses ancêtres. Oui! elle était belle cette pensée de l'orateur chrétien: ce sera l'ouvrage de toute la ville. Petits et grands, riches et pauvres, maîtres et ouvriers, industriels et artisans, c'est à vous, à vous tous qu'est confié le soin de construire à votre patronne depuis deux cents ans, à votre protectrice depuis six siècles, un temple digne d'elle. Tous vous y avez les mêmes droits; vos dons importants ou minimes auront la même valeur dans la balance: Marie ne considère pas la somme, elle ne voit que l'élan du cœur.

A quelque point de vue que l'on se place, l'édification d'une église monumentale, dédiée à Notre-Dame de la Treille, est une œuvre éminemment chrétienne et nécessaire. Notre vénérable archevêque s'en est constitué le fondateur ; déjà les plans s'élaborent; quelques années encore, et le nouvel édifice proclamera hautement la piété des Lillois envers la reine du Ciel.

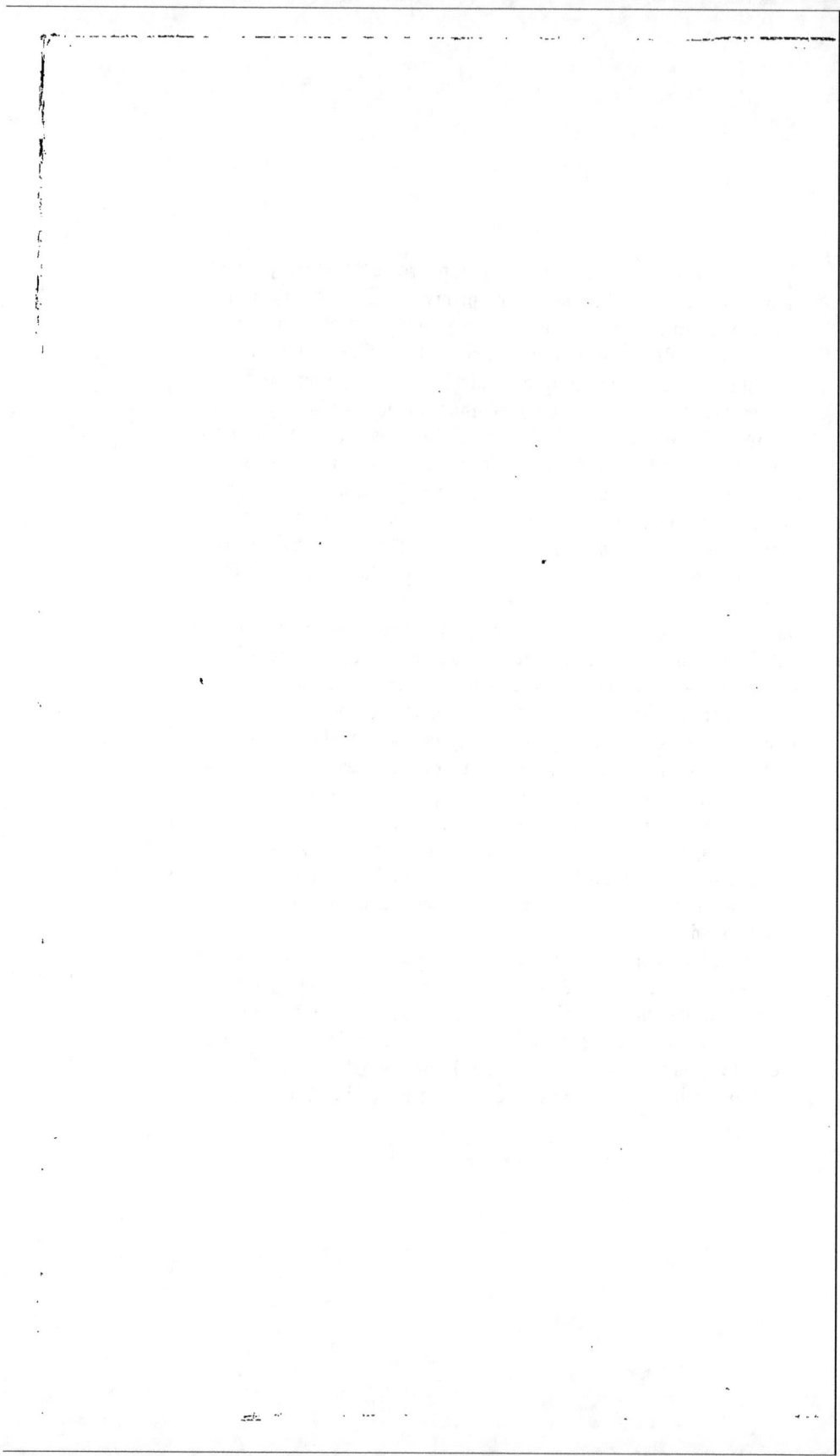

JUBILÉ SÉCULAIRE DE 1854

PROGRAMME

Nous ne pouvons plus dignement terminer cette brochure qu'en offrant au public la description des fêtes somptueuses que la cité de Notre-Dame de la Treille organise cette année en l'honneur de sa patronne. Le Jubilé séculaire de 1854 forme le sixième anniversaire centenaire de l'établissement de la confrérie de Notre-Dame de la Treille ; et nous savons que tous les efforts vont être tentés pour égaler la pompe de la fête de 1754 dont on vient de lire les détails historiques.

D'immenses préparatifs sont faits dans toute la ville ; depuis longtemps des travaux artistiques s'exécutent en silence et à grands frais. Ce mouvement, ce zèle, cet empressement, cet enthousiasme contenu, sont dirigés et coordonnés par un prêtre éminemment versé dans la science des fêtes religieuses, le savant abbé CAPELLE, missionnaire diocésain. Mgr Régnier, archevêque de Cambrai, heureux de voir échoir le Jubilé séculaire pendant son épiscopat, veut donner à cette solennité toute la majesté possible : c'est pour cette raison qu'il a lui-même désigné comme ordonnateur M. l'abbé Capelle.

Afin de laisser dans cette page religieuse de l'histoire de Lille un souvenir tout à la fois imposant et dont nos annales n'offrent pas d'exemple, Mgr l'archevêque de Cambrai a convoqué une nombreuse réunion des princes de l'Église, ses collègues. De tous les points de la France, de la Belgique et de l'Angleterre, des prélats viendront s'agenouiller devant la patronne de Lille et lui composeront une garde d'honneur digne d'elle lorsqu'elle parcourra prochainement cette cité où tant de fois depuis huit cents ans elle a passé triomphante.

On ne lira pas sans intérêt la nomenclature de ces prélats et les renseignements qui les concernent.

Mgr. RÉGNIER né à Saint-Quentin (Maine-et-Loire) en 1794, sacré en 1842, auparavant évêque d'Angoulême, et aujourd'hui archevêque de Cambrai.

Ont accepté formellement l'invitation de Mgr. de Cambrai, savoir :

Mgr. WICART, évêque de Fréjus, né à Méteren (Nord) en 1799, sacré en 1844, auparavant vicaire-général de Cambrai et doyen de Sainte-Catherine, à Lille.

Mgr. CARDON DE GARSIGNIES, évêque de Soissons, né à Lille en 1805, sacré en 1848, auparavant vicaire-général de Soissons.

Mgr. DESPREZ, évêque de Saint-Denis (île Bourbon), auparavant curé-doyen à Roubaix.

Mgr. PARISIS, évêque d'Arras, né à Orléans en 1796, sacré en 1835, auparavant curé de Gien et évêque de Langres.

Mgr. DE SALINIS, évêque d'Amiens, né à Morlaas en 1798, sacré en 1849, auparavant vicaire-général de Bordeaux.

Mgr. GERBET qui sera sacré évêque de Perpignan dans la cathédrale d'Amiens, le 29 juin.

Mgr. DUFETRE, évêque de Nevers, né à Lyon en 1796, sacré en 1843, auparavant vicaire-général de Tours.

Mgr. DELEBECQUE, évêque de Gand, né à Warneton (France) en 1798, prélat assistant au trône pontifical et comte romain.

Mgr. MALOU, évêque de Bruges, né à Ypres, ancien professeur de théologie à l'université de Louvain.

Mgr. GASPAR LABIS, évêque de Tournay, né à Warcoing en 1792, sacré en 1835.

Ont accepté conditionnellement l'invitation :

Mgr. WISEMAN, cardinal-archevêque de Londres.

Mgr. MORLOT, cardinal-archevêque de Tours, né à Langres en 1795, sacré en 1839, auparavant évêque d'Orléans.

Mgr. ANGEBAULT, évêque d'Angers, né à Rennes en 1790, sacré en 1842, ancien vicaire-général de Nantes.

Mgr. COUSSEAU, évêque d'Angoulême, né à Chatillon en 1803, auparavant supérieur du séminaire de Poitiers.

Mgr. CHALENDON, évêque de Belley, né à Lyon en 1804, sacré en 1851, ancien vicaire-général de Metz.

Mgr. PALLU DU PARC, évêque de Blois, né à Poitiers en 1804, sacré en 1851.

Mgr. DE BONNECHOSE, évêque de Carcassonne, né à Paris en 1800, sacré en 1848, ancien supérieur de la maison de Saint-Louis-des-Français à Rome.

Mgr. RAESS, évêque de Strasbourg, né à Sigolsheim en 1794, sacré en 1843, auparavant évêque de Rodopolis et co-adjuteur de Strasbourg.

Mgr. DE MONTPELLIER DE VERDRIN, évêque de Liége.

Comme toutes les fêtes de Notre-Dame de la Treille celle de 1854 durera neuf jours. Elle commencera le 24 juin au son de toutes les cloches de la ville et sera close le 2 juillet par la procession générale.

Chaque jour de la neuvaine il y aura des processions particulières des paroisses de la ville et des communes de l'arrondissement qui se rendront à l'église de Sainte-Catherine, désignée comme église jubilaire parce qu'elle est provisoirement en possession de la statue historique et vénérée de Notre-Dame de la Treille.

Les offices présidés par les évêques seront dits chaque jour à Sainte-Catherine, et la journée se terminera par un salut solennel chanté par les principales sociétés chorales de Lille et du département.

Le dimanche 2 juillet, jour de la clôture du Jubilé et de la grande procession, les députations historiques seront reçues à huit heures du matin, au chemin de fer, par les confrères de Notre-Dame de la Treille. Ce sont les députations de Tournay, Douai, Cambrai, Aire en Artois, etc., villes qui, selon leur habitude séculaire, ont résolu d'envoyer à la patronne de Lille de magnifiques ex-voto.

A deux heures et demie l'imposant cortége religieux se mettra en marche, il se divisera en quatre parties principales que nous allons décrire sommairement.

1re PARTIE. — Les six paroisses de la ville. Ces paroisses auront ensemble autant de bannières de soie qu'il y a de rues dans la ville, et chacune d'elles aura sa couleur, visible surtout pour les costumes des jeunes filles, et son emblème particulier représentant les gloires de Marie sous forme de sujets allégoriques sculptés et décorés avec une grande richesse.

La paroisse de Saint-André, précédée de la musique du 8e hussards et des bannières historiques, aura pour couleur *blanc et azur*, et pour emblème l'*Etoile du matin* portée par des jeunes personnes en manteaux brodés.

La paroisse de la Madeleine, précédée de la musique de la commune de Lomme, aura pour couleur *blanc et rose*, et pour emblème la *Rose mystique* portée par des jeunes filles.

La paroisse de Saint-Maurice, précédée de la musique de Fives, aura pour couleur *blanc et rouge*, et pour emblème la *Tour de David* portée par des sapeurs du 6e régiment d'infanterie légère.

La châsse de Saint-Maurice sera confiée aux sapeurs des canonniers et des pompiers de Lille.

La paroisse de Saint-Sauveur, précédée par la musique de Flers, aura pour couleur *blanc et lilas*, et pour emblème la *Porte du ciel* portée par des demoiselles.

La paroisse de Saint-Etienne, précédée de la musique de Bondues, aura pour couleur *blanc et argent* et pour emblème le *Siège de la sagesse* porté par des demoiselles.

La paroisse de Sainte-Catherine, précédée de la musique d'Esquermes, aura pour couleur *blanc et or* et pour emblème l'*Arche d'alliance* portée par des jeunes gens en costume de lévites, robes de lin et ceintures d'or.

2ᵐᵉ PARTIE.—Les pensionnaires de tous les hospices et les élèves des Frères des écoles chrétiennes et autres précédés de la musique du 6ᵐᵉ léger.

Les corps de métiers et les œuvres religieuses précédés de la musique des ouvriers du tissage de Marquette.

Les associations de charité et corps religieux précédés de la musique de Wazemmes.

Parmi les corps religieux nous devons citer les sœurs de Notre-Dame de la Treille, les frères Maristes de Valenciennes, les Bénédictins anglais de Douai, les Pères passionnistes de Tournai et les Pères capucins d'Hazebrouck.

3ᵐᵉ PARTIE. — Reliques des saints de la Flandre précédées de la musique d'Haubourdin.

La châsse de saint Evrard, fondateur de l'abbaye de Cysoing, portée par le pensionnat de Saint-Joseph.

La châsse de saint Winoc de Bergues portée par les habitants et suivie du clergé de cette ville.

La châsse de saint Piat de Seclin précédée de la musique de cette ville et suivie du corps des sapeurs-pompiers et du clergé.

La châsse de saint Chrysole de Comines portée par des Cominois et suivie du clergé et des prêtres du diocèse nés dans cette ville.

La châsse de saint Eleuthère de Tournai portée par des prêtres et suivie d'une députation de chanoines de Tournai.

La châsse de saint Marcel, pape et martyr d'Hautmont, portée par les élèves de Marcq, suivie des ecclésiastiques de cet établissement.

La grande relique de la vraie croix de l'ancienne collégiale de Saint-Pierre, aujourd'hui conservée à Saint-Étienne. La congrégation des prêtres de Saint-Charles, la musique du collège de Tourcoing accompagneront cette insigne relique.

4ᵉ PARTIE. — Le cortège d'honneur de Notre-Dame de la Treille. Un corps de musique et les députations étrangères suivis d'un cœur de 200 chanteurs.

Les demoiselles et dames d'honneur de Notre-Dame de la Treille, en robe de moire d'argent, brûlant des parfums dans des cassolettes d'argent.

L'image de *Notre-Dame de la Treille*, placée dans une châsse gothique de sept mètres de hauteur, œuvre d'art exécutée par MM. Buisine et Stalars, de Lille, et Blavier, sculpteur, de Douai, autour de la châsse sont les portraits sculptés des saints qui ont vénéré la sainte Madone.

Ce magnifique monument aura pour porteurs trente-six ecclésiastiques en dalmatiques d'or.

Derrière la statue de Notre-Dame de la Treille marcheront nosseigneurs les évêques et archevêques en mitre, crosse et chape d'or, et leurs éminences les cardinaux en insignes de leur haute dignité.

Une foule de prêtres en habits sacerdotaux formeront la haie, puis le cortège se terminera par les personnages de distinction et la musique des Sapeurs-Pompiers de Lille.

Voici l'itinéraire que suivra cet imposant cortège : Terrasse Sainte-Catherine, rues Royale, Négrier, du Pont-Neuf, de Thionville, place de Gand, rue de Courtrai, place aux Bleuets, rues des Jardins, du Lombard, du Vieux-Faubourg, du Priez, Saint-Genois, des Augustins, Saint-Sauveur, place au Réduit, rues des Sabuteaux, de Paris, des Manneliers, Grand'Place, rues de la Grand'Garde et des cafés, rues Esquermoise, Royale et des Fossés Neufs.

Une seule station de la procession se fera sur la Grand'Place où un reposoir monumental sera érigé contre la Grand'Garde. Du haut ... esérd , et à rés que trois cents voix d'hommes auront fait entendre ... Les évêques, ar ... vêques et cardinaux donneront tous ensemble la b... ... lle et à la foule.

Pendant les neuf jours du Jubilé l'église de Sainte-Catherine sera décorée avec magnificence, tous les murs intérieurs de l'édifice seront revêtus de velours de drap d'or et de soie, de peintures et de guirlandes. L'image de Notre-Dame de la Treille sera exposée dans le sanctuaire sous un dais de velours et d'or, et des lustres appendus à chaque arcade étincelleront à la lumière des bougies, pendant les offices pontificaux, ainsi qu'aux saluts du soir ; enfin les armoiries des évêques assistant au jubilé seront placés dans l'église.

L'ornementation la plus brillante doit également être exécutée dans la ville par les habitants, non-seulement les étrangers verront sur le parcours du pieux cortège ces dômes, ces tentures, ces guirlandes et ces fleurs dont les Lillois sont si prodigues en temps de fête publique, mais toute la ville assure-t-on, aussi bien les rues qui n'auront pas le bonheur de voir passer l'image de la patronne de Lille que les rues privilégiées, toute la ville viendra ratifier le titre de *cité de la vierge* qu'elle a mérité depuis si longtemps par sa démonstrative dévotion à la mère de Dieu.

La description de toutes ces décorations publiques et privées serait ici superflue : il faut bien réserver quelque chose pour la surprise des nombreux pèlerins et curieux. Contentons-nous de dire que le 2 juillet, à dix heures du soir, pour clore toutes les fêtes du Jubilé, une étoile de feu électrique paraîtra du sommet de la tour de Sainte-Catherine et éclairera la ville pendant une heure.

On peut être aujourd'hui bien certain que cette fête splendide attirera à Lille une foule considérable d'étrangers. L'administration du Chemin de fer du Nord, afin de favoriser ce déplacement de population, s'est d'ailleurs empressée de faire savoir au public que des billets à prix réduits seront distribués sur toutes les lignes du 20 juin au 5 juillet, et que des trains spéciaux seront organisés.

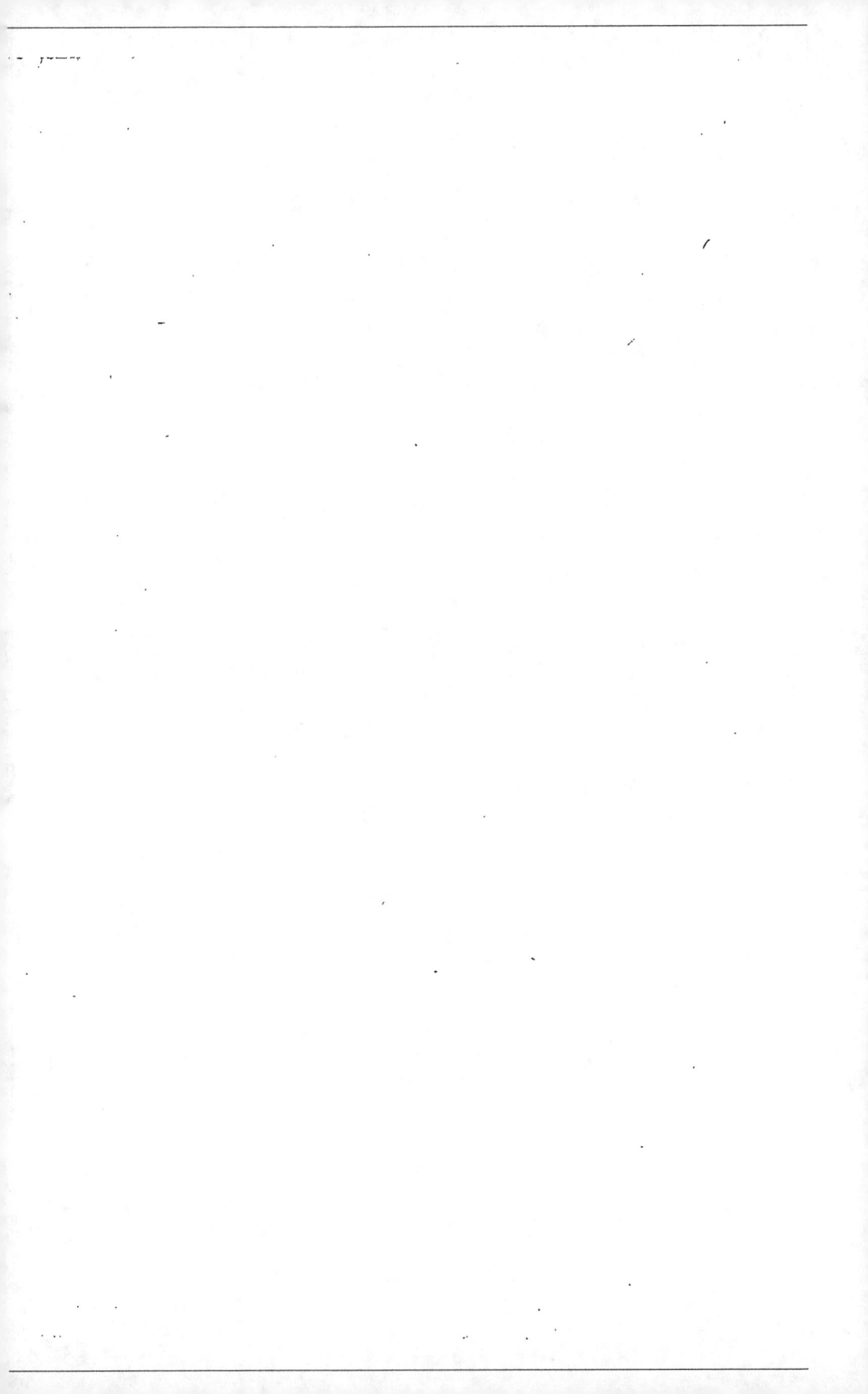

www.ingramcontent.com/pod-product-compliance
Lightning Source LLC
LaVergne TN
LVHW020053090426
835510LV00040B/1676